JN411034

매화에 이르는 길

매화에 이르는 길

홍해리 시집

■ 책머리에

시집『매화에 이르는 길』을 내면서

치매는 치매癡呆가 아니라 치매致梅라 함이 마땅하다.
매화에 이르는 길이다.
무념무상의 세계, 순진하고 무구한 어린아이가 되는 병이
치매다.

나도 언제 세상을 꽃으로 보고
그 길을 따라 하염없이 걷고 있을지도 모른다.
그 길 끝에 매화가 피어 있다.

2017년 丁酉 매화꽃 피는 봄날에,
북한산 골짜기 우이동 세란헌洗蘭軒에서
지은이 적음.

* 위의 글에서 처음 4행은 2015년도에 나온 시집『치매행致梅行』의
서문 앞부분이다.
거기에 몇 자 보태 이번 시집의 머릿글로 삼는다.
– 은산난정隱山蘭丁.

차례

■ 책머리에

매화에 이르는 길

홍해리 시집

매화에 이르는 길

해질녘
–치매행致梅行 · 151

아내는 자유의 나라에서
놀고 있는데,

작달비 내리 퍼붓는
해질녘

너덜겅길
비틀비틀 걸어가는

사내 하나
등이 굽고 어깨가 처진.

* 「치매행致梅行」 1번부터 150번까지는 도서출판 황금마루에서 시집 『치매행致梅行』(2015)으로 엮어 세상으로 내보내고 다시 하염없는 길을 떠납니다. – 隱山.

낙타행
- 치매행致梅行 · 152

아내의 나라는
말이 웃음으로 꽃피는 곳,

그냥 바라다보면
꽃이 피고
새가 노래하듯
웃음이 모든 말이 되는
천국이지만,

아내는 여기가 어딘지도
어디로 가는지도 모른 채
세상에서 가장 외로운 길로
발밤발밤 가고 있습니다.

얼마나 힘겨운 싸움인지도 모르고
싸움이 싸움인지도 모르고

아내는 내 가슴에 화살을 쏘아댑니다.

오늘도 남편이란 이름이 쓸쓸해
나이 든 낙타는 막막한 사막을 생각합니다.

접接

– 치매행致梅行 · 153

살구나무 대궁을 잘라내고
옆구리를 쪼개
매화 가지를 빚어 꽂고
칭칭 동여매면
살구나무가 매화를 품고
젖을 물린다
땅속에서 뽑아 올린 맑은 젖
그 힘으로
매화는 하늘로 솟구치는 것이다
오목눈이가 저보다 덩치가 더 큰
뻐꾸기 새끼를 기르듯
살구나무는 매화를 키워
청매실을 주렁주렁 다는 것이다
사람도 이렇게 접을 붙일 수 있다면
그럴 수만 있다면
가슴속 깊은 바닥

까맣게 타 눌어붙은 아픔도

한 송이 꽃으로 피워낼 수 있으련만!

봄날 한때
– 치매행致梅行 · 154

눈부신 봄날 한때

그만 됐다 해도
또 우는 새

꽃 지는데도 연습이 필요한가

그만 됐다 해도
또 지는 꽃

가는데도 연습이 필요한가
자발없다

쓰디쓴 나의 봄날.

새벽 네 시

– 치매행致梅行 · 155

새벽 네 시
아내가 2층으로 올라갑니다
불 꺼진 방으로 올라갑니다.

“어디 가? 내려와!”
“얘, 어디 갔어?”
“걔, 여기 없어, 제 집에 있지!”
아내는 딸애가 시집간 것도 모릅니다.

엊그제 딸이 잠깐 들렀을 때
아내는 껴안고 난리가 아니었습니다
딸이 제 방으로 올라가자
“쟤, 누구야?” 하던 아내,

정신이 난 것인지
정신이 든 것인지

딸애가 시집간 지 석 달인데
아내는 문뜩 딸을 찾습니다.

“이제 여기 안 살아, 제 집에 살아!”
알아들었는지 모르는지
그 말에 또 침묵 속으로 침잠합니다.

양파

– 치매행致梅行 · 156

한때는

맑은 속살이 눈물짓게 하더니,

아내를 처음 만났을 때
전혀 속을 보여 주지 않았습니다
껍질을 벗기고 또 벗겨내도
양파는 아무것도 보이지 않습니다
열 길 물속은 알아도
한 길 사람 속은 모른다는 듯
양파의 속을 일절 알 수 없습니다
아내는 양파의 여린 속살만 같아
뽀얀 진줏빛에 엳은 금빛도 띄었습니다
가멸차고 동그란 몸이 그만이었습니다
그러나 껍질이 매끄러워 잡기 어렵고
어디로 구를지 몰라 예제를 헤맸습니다
어쩔 줄 몰라 우물쭈물하는 동안

빛나는 양파는 금시에 한물지고
바람이 불 때마다 이리저리 쓸려 다니는
가벼운 껍질만 누렇게 남았습니다
젊었을 적엔 속살이 눈물 나게 하더니
이제는 내가 벗긴 껍질이 눈물짓게 합니다.

「양파를 까며」
– 치매행致梅行 · 130 전문.

이제는
마른 껍질이 가슴을 적십니다.

* 시 속에 다른 한 편의 시 「양파를 까며 – 치매행 · 130」을 넣어 만든 액자시額子詩임.

어른애

– 치매행致梅行 · 157

아내는 다시 한 살이 되고 나서
다시 한살이를 시작하는
어른애가 되었습니다
어린이가 어른이가 되었습니다
아침마다 가방을 메고
어른이유치원엘 갑니다
밤이면 품속으로 파고들어
팔베개를 하고 잠이 듭니다
우리 부부는 자귀나무 이파리처럼
낮에는 떨어졌다
밤이면 포개지는 일심동체
나도 아내 따라 어른애가 됩니다.

짓는다는 것

– 치매행致梅行 · 158

반달 하나 하늘가에 심어 놓고
눈을 감은 채 바라다봅니다

먼 영원을 돌아 달이 다 익어
굴러갈 때가 되면

옷 짓고 밥 짓고 집 지어
네 마음 두루두루 가득하거라

내 눈물 지어 네 연못에 가득 차면
물길을 내 흘러가게 하리라

사랑이란 눈물로 씻은
바람과 햇빛 같은 것 아니겠느냐

아내여, 네 웃음에 나도 따라 짓지만

어찌하여 그것이 이리도 차고 아픈가.

늙은 밥

– 치매행致梅行 · 159

아내와 마주앉아 아침을 먹다 보니
밥이 아주 많이 늙었습니다
피부도 거칠고 주름지고 저승꽃도 보입니다
꽃이 피는 밥을 아침으로 먹습니다
저녁이 아니라 아침입니다
아침은 가장 신선한 시간인데
태어난 지 며칠이나 되는 늙은 밥입니다
늙은 밥이 늙어서 불쌍하다고
숟가락 젓가락이 가락가락加樂加樂 놉니다
숟가락이 일할 때 젓가락이 놀고
젓가락이 일할 때 숟가락이 노래합니다
아침 먹은 힘으로 설거지를 합니다
밥 그릇 국 대접 반찬 접시
숟가락 젓가락 찻잔까지
씻고 부시고 깨뜨리면서 끝장이 납니다
아내는 노랜지 울음인지도 모르고

그냥 웃음꽃을 피우지만

꽃잎은 내 가슴에 떨어져 나를 울립니다.

비우고 버리다

– 치매행致梅行 · 160

훨씬 더 오래 산 나보다 먼저
아내는
한 사람의 일생을 다 내려놓고
자유로운 영혼이 되었는데

나는 아내가 내려놓은 것까지
몽땅 짊어지고 낑낑거리고 있으니
한심하기 그지없다

바라보기만 해도 울렁거리던 가슴
물 건너간 지 오래
이제는 절벽처럼 먹먹하고 막막해

오늘은 마음속에 어떤 밥그릇을 안고
살아야 하나
스산한 봄날이 가고 세상은 푸르른데

민들레 꽃씨 하나 어딘가로 떠가고 있다.

한밤중

– 치매행致梅行 · 161

시 「다 저녁때」(치매행致梅行 · 1)를 쓸 때만 해도
아내는 참 순하고 착한 어른아이였습니다
지금은 나보다 더 거세찬 어른애가 되었습니다
마음에 들지 않는 일이 있으면, 막무가내
나를 밀치고 밖으로 나가려 듭니다
잘못한 것도 없이(사실은 잘못 천지지만)
잘못했다고
내가 다 잘못했다고 빌며 구슬려 삶아도
한참을 버티다 지쳐서야
슬그머니 방으로 들어갑니다
도대체 대책, 대책이 없습니다
흑흑거리다 보면
세상이 온통 새까맣습니다
검정은 검정이고 하양은 하양인데
왜 검정이 하양으로 보이고
하양이 검정으로 여겨지는 세상인지

이렇듯 어처구니없는 일이 일어나곤 합니다
일어난 것은 쓰러지기 마련이고
온전한 그릇도 깨어지기 십상이긴 하지만
대낮도 한밤중인 날
나를 버리고 비우자고 다짐다짐해 봅니다.

막막미로

– 치매행致梅行 · 162

어쩌자고 아내는
막막한 미로를 자유로이 헤매는지
뒤따르는 나는
벽에 부딪쳐 하루의 일수도 못 받고
긁히고 까지기가 일쑤입니다
출구가 없는 막다른 골목길은
춥고 멀어 끝이 없지만
참고 가는 수밖에 길이 없습니다
손톱 하나 까딱하지 않는 아내의 나라는
아무 이상 없는데
내 세상은 그냥 굴러가는 일이 없고
가슴속 바윗덩어리 너무 커서
백야의 꿈자리는 늘 사납습니다
자는 둥 마는 둥 자다 깨다 날이 새면
얼굴에도 마음에도 그늘이 무겁습니다
아무리 받걷이를 잘 해도

때로는 홱! 하니 돌아서는 아내
불길이고 물길입니다
저녁노을 속으로 날아가는 새
가무룩가무룩합니다.

밥상머리
- 치매행致梅行 · 163

도담도담 자라던 아기
반찬 투정 부릴 때처럼

맛있는 것 맛있다 말도 못하고
맛없는 것 맛없다 말도 못하는

께적께적 억지로 떠 넣는 숟가락질
밥알을 세다 사달이 나는

밥밑으로 검은콩에 작두콩까지 넣어도
아내의 입맛 하나 맞추지 못하는

나는 맛을 낼 줄도 피울 줄도 모르고
맛부리는 일에 멀기만 한 사내

도나캐나 먹으며 살던

먹어도 먹어도 배고프던 때

밥상머리 앉으면
그립구나 그 시절.

소일거리
– 치매행致梅行 · 164

나 심심할까 봐
아내는 부러 일을 만든다
이런저런 잔일로 내 잔일殘日이 바쁘다

보물찾기하듯
빈틈이 움켜쥐고 있는 휴지뭉텅이도 찾아내고
여기저기 그려논 벽화도 지우며
얽히고설킨 실타래를 풀 듯
하나하나 해결하다 보면

오늘도 날이 저물고
몸은 콩가루처럼 피곤하다
삶이란 네가 나를 삶고
내가 너를 지지고 볶는 것 아닌가,
아닌가

맛이 간 내 생生의 어느 날

꿈속에서

금빛으로 빛나는 별이 반짝일지 모르지만

도남圖南의 날개가 있다 한들

무슨 소용이 있겠는가.

부부
– 치매행致梅行 · 165

‘우리’라는 화물을 적재한

좌청호 우백호左青號右白號

한 쌍의 배

한평생 긴긴 세월 동안

망망한 바다

막막히 항해하는

멍텅구리배!

지는 꽃을 위하여
– 치매행致梅行 · 166

어느 꽃이라고 곱지 않으랴
지나간 일은 다 꽃이었다고
피워 보지도 못한 꽃처럼
진 꽃을 안달하고 그리워하랴

지는 꽃은 후회하지 않는다
죽음은 향기가 없기 때문이다

피어 있을 때 꽃이듯
노래도 불리워야 향기롭나니

꽃은 지는 것을 두려워하지 않는다
신발 벗어 놓을 자리를 가리지 않고
무작정 뛰어내려
바닥을 치는 것이다.

이별 연습

– 치매행致梅行 · 167

"어디 가?"
"학교 가야지!"
아침마다 차가 오면
함께 가자고 팔장을 낍니다
"나도 가야지!" 하며
기분 좋게 대문을 나섭니다
공부 잘하고 오라며
차에 태우려 들면
왜 나만 가느냐고
안 가겠다고
난리가 일어납니다
간신히, 간신히 태우고 돌아서려면
원망하듯 물끄러미 바라다보는
아내의 눈길이 너무 애련해
재빨리 돌아서고 맙니다
날마다 반복되는 이별 연습입니다

내가 하는 한마디가
마지막 말이 되지 않도록
말하지 말고 아껴둬야지 하면서도
오늘 아침에도 이별의 말 한마디
어쩔 수 없이 던지고 맙니다.

빈집 한 채

– 치매행致梅行 · 168

반듯하던 집이 하릴없이 기울고
지붕에 구멍이 나 비 새는 방 안
희미한 호롱불도 기름이 다했다

곳간의 문이 저절로 열려 버린
아니, 닫힌 것인지도 모르는
빈집 한 채

새들은 기억의 틈새로 날아가 버리고
여린 날개 겨우 한두 마리
날지도 못하고 땅바닥을 쪼다
애처롭게 울고 있는 다 저녁때

한 켜씩 정성으로 쌓아 올린 돌담을 지나
삐그덕대지도 않는 사립을 들어서면
처마 밑에 거미줄만 무성하게 졸고 있는

남루의 추억 몇 장

사노라면 선거운 일이 한둘이랴만
방전된 기억의 금고는 녹이 슬 대로 슬고
이어지던 분별의 끈은 끊어진 지 한참
집이 무너지는 것도 모르는 아둔패기 사내

삼오야 밝은 달밤에도 보이는 게 없어
이리 갈까 저리 갈까 허둥대는데
어둠이 지샌대도 아침이 올 기약이 없음이여
아무것도 기억하지 못한다는 텅 빈 슬픔이여.

원願

– 치매행致梅行 · 169

배고프면
밥 먹자 하고,

아프면
병원 가자는,

말만이라도
할 수 있다면,

걱정 없겠다
정말 좋겠다.

삶과 죽음

– 치매행致梅行 · 170

사는 것은 무엇이고 죽는 것은 무엇인가

산 것과 죽은 것은 무엇인가
살아 있다는 것과 죽은 것은 어떻게 다른가
삶과 죽음은 어떤 차이가 있는가

움직이면 살아 있는 것이고
가만히 있는 것은 죽은 것인가

움직이지 않는 나무는 죽은 것인가
식물인간은 살아 있는 것인가

'아무것도 아닌 것이 가장 크다',
그것도 모르고 한평생을 허송하다니

한심하기 그지없다

미련하기 짝이 없다.

일요일 오후

– 치매행致梅行 · 171

이제까지 한평생 75년
46년을 함께 산 한 생生인데
아내를 몰라도 너무 모르는 남편이란 사내
일요일 하루 종일 두 사람이 부딪치는 일상
한평생 한 말이 한 말이 아니라
몇 말이 되는지도 모르는데
무슨 할 말이 많이 남아 있겠는가
오전을 무사히 보냈으니
마음이 놓인 탓인가
오후 세 시 반
출출한 참에 막걸리 한 병을 꺼내다
홀짝이고 있는 사이
밖으로 나가는 사람
내가 얼마나 더 늙고 낡아야
그 사람 속을 알 수 있을까
지금 알고 있다 해도 남은 시간이 별로 없는데

말라가는 웅덩이에서 힘없이 퍼덕이며
물끄러미 바라다보는 피라미 한 마리
혼자 견디다 가자며 막걸릿잔을 들이켭니다.

투명감옥

– 치매행致梅行 · 172

어쩌자고 아내는 저 속으로 들어갔을까
이러저러지도 못하는 나는 밖에서 떠돌고 있다

아니, 아내는 밖에서 자유롭게 놀고 있고
갇힌 나는 칠흑의 절벽만 바라보고 있다

내가 나가지도
아내가 들어오지도 못하는

투명한 유리감옥!

답답한 구경꾼과
안타까운 수인囚人

마주보고 있어도 천리 밖
먼먼 너의 목소리

귀를 나발喇叭처럼 열어도

시간이 흘러가는 소리 들리지 않는다.

한가위 보름달

– 치매행致梅行 · 173

아버지 어머니,
평안히 계시는지요?

아버지는 1978년에 가시고
어머니는 스물세 해 뒤에 가셨습니다.

그러니 두 분이 가신 지
꽤나 오래되었습니다.

올해도 지상엔 오곡백과가 둥글둥글합니다.
그러나 제 가슴은 흉년이 들어
추석 차례상도 차리지 못했습니다.

하여, 하늘 높이
달 하나 덩그마니 띄워 놓았습니다.
올해는 달떡 드시며 한가위를 지내십시오.

휘영청 밝은 달빛에
무릎 꿇어 큰절을 올립니다.

부디 불초자를 용서하지 마십시오,
어머니, 아버지!

들녘

- 치매행致梅行 · 174

가을걷이 다 끝나고 나면
나는 가을 거지가 됩니다
불 꺼진 빈집에는
침묵의 울음이 찬바람에 사그라들고
길었던 기다림을 털어 버린
영혼의 눈썹 한 올 한 올 위로 눈이 내립니다
마지막 한 톨까지 새들에게 다 주고 난
빈 들녘이 마침내 가득해집니다
봐야 보이고 들어야 들리는
한세상 사는 일이 한줌 바람이었습니다
잠시 생각에 잠겼다 깨어, 나는
날개 속에 부리를 묻고 밤을 지새는
철새들같이
이제 망각의 긴 겨울잠에 들어
윤슬처럼 반짝이며 오는 봄을 꿈꾸고 싶어
영영 깨지 않을 잠속으로 들어갑니다.

지뢰

– 치매행致梅行 · 175

아내는 민첩한 지뢰 매설 전문가
순간적으로
신출귀몰하게 작업을 완수한다

지뢰는 답답한 속을 드러내기 위해
불쌍한 영혼이 만들어 내는
찰나의 작품

녀석은 자신의 위치를 밝히는 법이 없다
터지는 굉음도 없이, 물큰
폭발한다

아내는 자기에게 소홀하다 싶으면
전혀 눈치채지 못하는 사이
여지없이 어딘가에 녀석을 묻는다

가진 것이라곤 시간뿐인
녀석은 터지기 위해
술래처럼 오직 기다리고 있을 뿐

그러니, 결코 한순간도
먼눈팔지 마라
한눈팔다 큰코다치는 수가 있다.

방심

– 치매행致梅行 · 176

방심은 금물!
방심放心이란 무엇인가
마음을 풀어 놓는 것인가
아름답고 친절한 방심芳心이라면 좋을 텐데
한순간
한눈팔면 어김없이 어디선가 지뢰는 폭발합니다
새벽부터 대책 없이 지뢰 제거 작업에 몰두하다
보면
세상은 쓸쓸하기 짝이 없습니다
퇴직하고 할 일 없이 노는 사내
그냥 노는 꼴 못 보겠다고
일거리를 만들어 주는 아내
고맙다 고맙다고 절을 해야 하나
똥 칠갑漆甲이 된 손을 닦고 씻고
마주앉아 아침상을 비웁니다
밥맛이 밤 맛이라면 좋겠습니다.

이리 와!

– 치매행致梅行 · 177

거울에 비친 자기 얼굴을 보고
손을 흔들고
거울을 두드리며
"이리 와, 이리 와!" 하는 아내

해가 떠도 어둡고
달이 떠도 깜깜합니다
꽃이 피어도 아프고
별이 반짝여도 따갑고 쓰립니다

새해라고 세상이 다들 환한데
아내의 저지레 뒷바라지를 하다 보면
하루 해가 다 가고 맙니다
한 해가 가듯 더디더디 지고 맙니다

오늘도 혼자서 아내와 노는

정월 초사흘

내가 다 젖어 버렸습니다

절어 버렸습니다.

그러려니

– 치매행致梅行 · 178

언젠가 내가 당신 곁에 없는 날이 오겠지요
아니면 당신이 내 옆에 없는 때가 오겠지요

해는 아침을 위해 붉게 지고
꽃은 다시 피려고 시드는데

길도 없고
불빛도 보이지 않는 세상

당신을 버리고
나도 버리고
모든 걸 다 놓아 버리면

끝인 것인가
속울음으로 지우고 지우며 가는
당신 모습

정을 뗀다는 것이 무엇인가
이게 나를 위하는 길이라고
식전댓바람부터 난리를 치는 것인가

눈물이 노래하고
울음이 노래하고
슬픔이 노래하는

이승의 또 다른 하루!

이게 나야?

– 치매행致梅行 · 179

‘나’를 찾아가는 세상에서
길을 잃은 사람
천지 사방, 허방을 허정허정 가고 있습니다.
어제는 나를 가리키며
“이게 나야?” 묻더니
오늘은 벽을 보고 같은 질문을 합니다
아내는 어느 나라에 있는 걸까요
어느 길을 가고 있는 것일까요
어디서 나를 찾고 있는지
어디로 나를 찾아가고 있는지
‘나’란 것이 있기는 한 것인가
길은 보이지 않는데
나를 찾아가는 눈물겨운 발길
발자국 소리도 없이 떠돌고 있습니다
나는 어디 있는가
나는 무엇인가

아내가 가고 있는 길을 따라

하염없이 뒤에서 허정대고 있습니다.

얼음미라

– 치매행致梅行 · 180

한겨울에 그것도 한밤중에
꽝꽝어둠 속으로 뛰쳐나가는 아내
문을 탕탕 두드리며
무작정 밖으로 달려나가는 아내
그래 나가자, 차라리
나가서 우리 함께 꽁꽁 얼어 버리자
허허바다나 허허벌판인들 어떻겠느냐
허허실실 웃다가
얼어서 미라가 되어 버린들 어떻겠느냐
한 천년 동안 그렇게 죽어 있다가
다시 천년 후에나 슬슬 녹아서
물이 되어 땅속으로 스며들면 되지 않겠는가
울음소리도 죽이고 조용히 스며들었다
물이 다 마르면 화석이 되어
찬란한 햇빛에 눈이 부셔서
산산이 깨어져 가루가 되면 좋지 않겠는가

그렇잖겠는가, 아내여!

꽃이 피다

– 치매행致梅行 · 181

하루 종일 홀로 집을 지키다
주인이 돌아오자
꼬리 치며 기어오르는 강아지처럼

저녁에 유치원에서 돌아온 아내
목을 끌어안고
얼굴을 비벼 대며 키스를 퍼붓습니다

마치 오랜만에 만난
젊은 연인이기나 한 듯

남녘으로부터 들려오는 꽃소식에
요 며칠 아내의 얼굴에도 꽃이 핍니다

얼마 전만 해도
귀가 차량에서 내리지 않겠다고

"안 가!", "싫어!" 하며
떼쓰고 억지를 부렸는데

봄바람이 좋긴 좋습니다
아내의 동토에도 이대로 봄이 와
꽃이 피고 새가 우는 나라라면 좋겠습니다.

가벼워지기

- 치매행致梅行 · 182

"나 싫어?"
"아니!"
"나 미워?"
"아니!"

"나 좋아해?"
"응!"
"나 사랑해?"
"응!"

"그럼,
옷 갈아입자!"
"응!"

이렇게 사랑은 가벼워지는 것인가
드디어 아내는

젖은 옷을 갈아입으며 웃고 있습니다.

하뿔싸!

– 치매행致梅行 · 183

내 팔을 끌어다 베개를 하든가
손을 꼭 잡고서야 아내는 잠이 듭니다
"손 놓고 자!"
"아이, 싫어!"
"나 도망갈까 봐 그래?"
"응!"

어제 아침 산책을 나갔다
도우미가 아내를 길에 놓고 들어왔습니다
두 아들과 딸과 사위
경찰과 케어센터에서 찾아나선 지 여덟 시간,
길이 가는지 내가 가는지도 모르는 채
목이 마른지 속이 타는지도 모르고
이리저리 허둥지둥 다급하게 헤매는 동안
왜 자꾸 나쁜 생각만 드는 것이었을까

우이동 버스 종점에서 눈에 띄어
순찰차를 타고
아내는 겨우, 겨우 집에 돌아왔습니다
무임승차로 여기저길 갔다 왔다 했는지
정류장에서 무작정 앉아 있었는지
거기가 어딘지도 모르고
배가 고픈 줄도 모르고
그래도 아내는 천하 태평이었겠지요

엄마를 끌어안고 우는 딸애를 보며
아내는 태평스레 웃고 있었습니다

그렇게 긴긴 하루 해가 저물었습니다

오늘 밤에는 내가 아내의 손을 꼭 잡고
여덟 시간 동안 돌아다닌 길을 따라

꿈속을 돌아봐야 하겠습니다.

* 2016. 4. 30. 우리시회 三角山詩花祭를 올리는 날에 벌어진 사건이었습니다.
처음으로 행사에 불참하는 불상사가 일어나고 말았습니다.
다시는 이런 일이 없기를 기원해 봅니다.

- 隱山

꽃은 진다

– 치매행致梅行 · 184

기웃거리다가
궁시렁거리다가
꾸물거리다가
느물거리다가
늘근늘근하다가
두리번거리다가
어슬렁거리다가
욜랑욜랑거리다가
우물쭈물하다가
지분거리다가
해롱거리다가
흔들리다가,

꽃은 지고
해도 지고,

한평생 살다 갑니다

한세상 가고 맙니다.

한때
– 치매행致梅行 · 185

저녁놀 발갛게 끓고 있는

잔잔한 수면 위로

물고기

한 마리

튀어올랐다

잠깐 눈감은 사이

비늘이 반짝

사라졌다

호수는 여전하다.

치매약을 복용하다

– 치매행致梅行 · 186

치매약을 먹었습니다
아내는 아침저녁으로 약을 복용합니다
아침에 다섯 알
잠자기 전에 여섯 알
제법 양이 많습니다
엊저녁 물 한 잔에 약 세 알을 먼저 주었습니다
한꺼번에 다 삼키기가 벅차
두 번에 나눠 줍니다
그런데, 그런데
아내에게 세 알을 주고
나머지 세 알은 내가 그만 꿀꺽해 버렸습니다
순간적이었습니다
아차! 실수는 늘 때늦은 후회를 불러옵니다
다른 약봉지를 자세히 살펴보니
세 알은 원형대로 동그란 알약이고
세 알은 반씩 쪼갠 것이었습니다

부부는 살다 보면 서로 닮아가기도 하고
일심동체란 말도 있어 그런가 봅니다
이제 나도 치매환자가 되었습니다
내가 약을 먹어도 아내가 나았으면 좋겠습니다.

집으로 가는 길

– 치매행致梅行 · 187

어쩌다 실수로 아내의 치매약을 먹었습니다
그날 밤 꿈속에서
하염없이 거리를 헤맸습니다

집으로 가는 방향을 찾지 못하고
걸어다니는 일도
차를 타는 것도 다 잊은 상태
아무것도 제대로 하지 못한 채
허우적허우적거리다
때로는 허공을 날기도 했습니다

며칠 전 길을 잃고 헤맨 아내
그 뒤를 쫓아다녔는지도 모릅니다
여덟 시간 미아가 되었던 아내의 긴 세월을
하룻밤 꿈으로 대신했나 봅니다

아내의 치매약으로
다른 한세상을 구경한 내가
약도 없는 치매환자가 되어
환한 대낮에 길을 잃고 허청댑니다.

두덜두덜

– 치매행致梅行 · 188

화가 나서 못 살겠다 못 살겠다
두덜두덜 넋두리를 합니다
밥을 먹는 건지
잠을 자는 건지
멍멍한 세상
눈이 침침하고 골이 띵합니다

화는 죽이고
못은 뽑아 버리면 그만
살맛 나는 세상인데
왜 못을 못 빼고 화만 내는가
장도리가 없는가
노루발이 없는가
넘어야 할 산은 넘지 않고
그 너머만 그리고 있습니다

오늘 아침에도 유치원에 안 가겠다고
떼쓰고 앙탈하며 승강이하다
억지로 아내는 차에 올랐습니다
돌아서는 내 발걸음이 천근만근입니다

때찔레꽃 한 송이 피워 올릴
조그만 마음자리 하나 마련하지 못하고
점점 지쳐 버리는 내가 한심합니다.

저녁밥

– 치매행致梅行 · 189

한끼 때우기 이렇게 아픈 줄
아내 병들고 나서 이내 알았습니다.

보름인가
동쪽 하늘에
갈색 찐빵 한 덩어리
싸늘하게 식었어도
진수성찬!

병들고 나는 것도
때로는
철들고 나는 것과
다를 바 없지 생각하니,

이제야 임금님 수라상 앞에 앉아
하늘 올려다보며 수저를 듭니다.

분홍 운동화

– 치매행致梅行 · 190

"신발 분실은 책임지지 않습니다!"

– 신발 분실 조심! –

– 주인 백

이런 안내문이 붙어 있는 식당에서
신발을 분실하신 분께 진심으로 사과드립니다
정신을 놓은 아내가 아침 산책길에
어느 음식점에 들어갔다가
공사판 남자의 검정 운동화를 신고 나왔습니다
여덟 시간이 지나고 나서
경찰 순찰차를 타고 아내가 돌아왔을 때
발보다 큰 분홍 운동화를 신고 있었습니다
아내의 운동화는 음식점에서 찾아오고
검정 운동화 값을 보상해 주었습니다
거대한 배 같은 검정 신발을 질질 끌고
집에 가셨을 분홍 운동화님을 생각하면

미안하기 짝이 없습니다
분홍 운동화님
혹시 이 글을 보시면 꼭 연락을 주십시오
신발을 되돌려 드리고
막걸리라도 한잔 대접해 올리겠습니다

세상에는 내 뜻대로 되지 않는 일이 하도 많아
너나없이 흔들리게 하기도 합니다
주인 잃은 운동화는 고이 보관하고 있습니다.

비닐장갑

– 치매행致梅行 · 191

자식 낳아 기르면서
애기똥풀 진액 같은 똥 한 번 묻히지 않은
부모라면 아비 어미 아니듯,

병든 아내 똥 한 번 안 만져 보고
남편이라 할 수 있겠는가

자식들은 제 부모가 병들어도
왜 뒷수발을 들지 못하는가
어찌 아니 하는 것인가

비닐장갑을 끼고 버무린 김치 깍두기
제대로 맛이 나겠는가
살이 닿아 무쳐진 김치가 제 맛이지

오늘도 집사람 기저귀 갈아주고

뒤처리를 하다 보면

내 손은 이미 황금손이 되어 있다.

반딧불이

– 치매행致梅行 · 192

한평생 긴긴 열흘
이슬만 먹으면서
반짝반짝 반 짝 찾아
짝짓기하고
알 낳으면 죽고 마는
반디야, 네가 부럽다!
별을 대적할 일 없으니
개똥벌레라 해도 좋다
나도 너처럼 가고 싶다
반딧불이,
반딧불이야!

화가 나서

– 치매행致梅行 · 193

"밥 먹자!" 해도 "싫어!"
"옷 갈아입자!" 해도 "싫어!"
"손톱 깎자!"해도 "싫어!"
"약 먹자!" 해도 "싫어!"

이게 어디 사람 사는 일인가
어쩌자는 말인가
내가 나에게 화가 나서,

차라리 같이 죽어 버리자
죽어,
이리 살아 무엇을 할 것인가
이게 어디 살아 있는 것인가

그래도 가까이 있을 때
소중하다는데

큰소리치고 나서,

안됐다는 생각에 후회, 후회하고
씀벅씀벅 눈을 끔벅이다
손을 잡아 주면 금세 웃음이니
"싫어, 싫어!" 하는 아내를 잡는
내 손이 내 손이긴 한 것인가.

동병상련

– 치매행致梅行 · 194

"요양원이 싫다고 돌아온 아내
정신이 들었다 나갔다 하는 아내
간병인 돌아간 후 뒤처리하고
설거지하다 화가 나서
그릇을 내던져도 깨지지도 않는다"
다 늙어서 아내 뒷수쇄하는 일
여든여덟에 기가 찰 노릇이지
"사는 게 하도 재미가 없어
어제는 어머니 산소에 가서
막걸리 따라 놓고 한참 울었어!"
미수米壽의 시인은 말을 더듬는다
우리는 띠동갑
일흔여섯도 집사람 뒷바라지가 힘든데
하루에도 몇 차례 기저귀 빠는 일
그게 어디 쉬운 일인가
"일회용 기저귀를 사용하세요!"

"처녀들이야 한 달에 한 번이니 괜찮지만
하루에도 몇 개씩 버리니
그게 돈이 얼마냐며
일회용은 싫다니 이걸 어쩌나?"
오늘도 아내의 기저귀를 빨다
내 생각이 나서 전화를 했다는
노시인의 말에 나도 기가 막힌다
막걸리 한잔 벌컥,
핑 도는 눈물로 울컥, 또 한잔 벌컥!

석양빛에 물들다

– 치매행致梅行 · 195

금세 후회할 걸 뻔히 알면서도
이러는 내가 싫어서

한 번 더 생각하고 말을 했더라면
그리 행동하지 말았더라면

좋았겠지
좋았을 텐데

바라보면 딱하고 안쓰러워
눈시울이 그냥 젖는데

소리치고 마구 대하는
내가 밉고 싫어서

어서 가야지

먼저 가야지

바늘편지를 쓰고 지우며
하루에도 열두 번

비·틀·비·틀, 비틀·비틀, 비틀비틀거리는데
아내의 석양빛이 낯설기만 합니다.

추석 유감

– 치매행致梅行 · 196

추석 연휴 지난 일요일 아침
아내와 둘이서 집을 지키는데
일요일에 오지 않는 신문이 왔습니다
연휴라 며칠 휴간해 미안했나 봅니다
신문을 펼쳐 놓고 훑어보는데
아내가 끌어다 휙 던져 버립니다
그까짓 것 읽어서 뭘 하겠냐는 것인지
다 필요 없다고
소용없다고
쓸데없는 짓거리라고
아내는 말없이 호통을 쳐 댑니다
일요일은 신문도 TV도 전화도 없는
무요일이 좋다는 말인가 봅니다
오늘 하루 아무것도 않고
아내랑 둘이서 놀명놀명 보내겠습니다.

하차 거부

- 치매행致梅行 · 197

어제는 귀가 차량에서 내리지 않겠다고
아내는 마구 떼를 썼습니다
내리라고 잡는 손을 뿌리치고 때리고
보통 난리가 아니었습니다
오늘은 화를 내며 실랑이를 벌이다
울음을 터뜨렸습니다
"왜, 왜, 왜 그래!
00년 지랄하구 있네, 00년!"
이렇게 때로는 나도 막된 여자가 됩니다
어딘가로 무작정 가자는 말인가
집에 온 것도 모르고
남편도 알아보지 못하는 것인가
한참 만에 아내는 눈물을 훔치며 내렸습니다
집에 들어와서도 한동안 훌쩍이다
언제 그랬냐는 듯 눈물을 닦고 다가옵니다
어깨에 두 손을 얹고 마냥 바라보다

살며살며 웃음을 피웁니다

오늘도 하루가 또 이렇게 저물어갑니다

아내

– 치매행致梅行 · 198

쓸쓸한 허공
나지막이 비상하던
날개 여린 새 한 마리
다 늦은 가을 저녁 어스름
내 가슴에 와 깃을 치고 있느니
젖은 자리 또 적시며 울고 있느니.

절망

- 치매행致梅行 · 199

어찌하여 사람들은 물 앞에 서는가

흘러가는 강물이나 바라다보며

출렁이는 바다를 쳐다보며

어쩌자고 막막히 저무나

쓸쓸히 저무는가

이런 봄날에

하릴없이

!

저무는 가을

– 치매행致梅行 · 200

이제는 덜 보라고 눈이 침침해지니
하늘은 더욱 높고
세상은 더 넓기만 합니다
덜 듣고 살라고 귀 먹먹해지고
적게 먹으라고 이도 닳아 빠지고
사색 좀 하라고 새벽잠은 날아가고
체력 떨어지니 자꾸 움직이라고
날씨가 이리 좋습니다
세월을 버리면서
쌓아 올리는 나이탑 따라
저문저문 저무는 가을날입니다
아내는 아직 눈도 밝고 귀도 좋은데
보긴 보는데 무얼 보는지
듣긴 듣는데 무슨 소릴 듣는지
웃다 화를 내다 또 웃으니
도무지 알 수가 없습니다

아내와 나의 가을이 너무 멀어
까무룩이 저무는 하늘과 땅입니다.

어제와 오늘
– 치매행致梅行 · 201

홍 선생님,

「동병상련
– 치매행致梅行 · 194」
감동 깊게 읽었습니다.

맹골도나 갈까 하고 진도 팽목으로 가다가 홍주부터 샀습니다.
홍주는 관매도에서 처음 만난 붉은 술이죠.
그걸 마시며 옛날 생각했습니다.
그때야 마누라가 기저귀 갈아달라고 보챌 줄 꿈이나 꿨나요.
2016. 10. 05. 10:32 a.m.

태풍 때문에 맹골도는 들어가지 못하고 지리산 마천계곡으로 들어가

한풀이하듯 낯선 사람들하고 술 마시며 시를 읽었습니다

그 사람들은 내 속도 모르면서 나를 아는 체했습니다

밤이 깊을수록 계곡물 소리가 기저귀 빠는 소리 같았습니다

'동병상련'

고맙습니다

2016. 10. 08. 17:58 p.m.

이생진 드림

여자 아닌 여자

-치매행致梅行 · 202

오늘도 어김없이 어른이유치원에 갑니다
팔짱을 끼든가
손을 잡고 다닌다고
나이 든 사람들이 팔짱 꽂고 간다고
팔짱 끼고 보지 말기 바랍니다
여자를 다 버린 여자도 아닌 여자
지나가는 사람들에게
"이리 와, 이리 와!" 하며 손을 흔들고
다가가서 손을 잡고 함께 걸어갑니다
차가 오면 으레 태워 주려니 하고
서서 기다리는 어른이입니다
세상에 어디 꽃이 부끄러워하던가요
새나 나비가 창피해 하던가요
부끄럼 타는 일이 없는
아내는 여자 아닌 여자입니다.

절해 고도

– 치매행致梅行 · 203

사방이 문이라도 나갈 문 하나 없고
어디든 길이라도 갈 길이 없습니다
하늘 한 번 올려다보고
땅 한 번 내려다본 게 언제였던가
가리산지리산 헤매는 어둠 속
소리칠 줄 모르는 바위 하나 봅니다
천년 세월이 빚은 말씀의 경전
산것들 눈물 나게 하지 말라는
바위 얼굴의 빛깔과 무늬를 읽으며
가는 길이 늘 꽃길일 순 없다 해도
문 열고 갈 길을 내다볼 수 있기를
오늘도 소리 없이 울부짖으며
출렁이는 막막한 바다를 생각하다
시거에 바닷속으로 뛰어듭니다.

새해 선물

–치매행致梅行 · 204

정유년丁酉年 정월 초하루
가슴 설레는 새해 선물은
한 해라는 시간의 백지 한 장.

차가운 머리로
뜨거운 가슴으로
정갈한 손으로,

깨끗하고 아름다운 말로
차끈한 사랑의 언어로
진실되고 정확한 어휘로 시를 엮어,

자유와 생명과 자연을 찬양하고
사람과 사랑을 그리고 노래하리라.

삼백예순다섯 장의 가벼운 깃털로

시詩는 눈부신 날개를 펄럭이며
창공을 비상飛翔하다
따뜻한 그대 가슴속으로 스며들기를!

마음도둑

- 치매행致梅行 · 205

내 몸속에 사는 도둑이 하나 있습니다
간 큰 이놈은 내 몸을 제 옷으로 입고,
때로는 가면을 쓰고 무엇이든 훔치려고
늘 좌불안석입니다
활짝 웃음을 띄고 있던 벚나무
갑작스레 눈물을 날리고 있습니다
순식간의 일입니다
때로는 꽃잎도 눈물이 되어 날립니다
제 몸의 감옥 속에 갇혀 사는 이는
사랑한다 한마디 하지 못하고
가슴에 품고 사는 물 같은 사랑
때 되면 꽃 피고 강물은 흘러가는데
너를 버릴 수 없어
나를 벗을 수 없어
마음은 늘 풍비박산인데
내겐 좌망坐忘도 소용없습니다

내 마음도둑을 아내는 알기나 할까
오늘도 이놈과 싸우며 하루를 던집니다
흘러가는 물 위로!

일생

– 치매행致梅行 · 206

물음표로 시작하여
소리[呱呱]치더니
수평의 시절이 가고
칠흑 어둠,
천 길 낭떠러지를 피해
장미소설 행간을 헤매다
백척간두의 잠자리
사람과 사람 사이를 날다
화살표 따라가면
수평과 수직의 나날을 지나
말없이 누워 있는 느낌표 하나
고작 이것 하나 남기기 위하여
이렇게도 힘들게 가는 것인가
아내여!

귀향歸鄕

- 치매행致梅行 · 207

生의 질긴 끈 놓지 못하고

허공에 매달려,

떠나온 물집과 불길

그리며 추억하다

돌아갈 바람의 고향 생각으로,

꼭 잡고 있는

저 머나먼 푸른 영원!

뱀

– 치매행致梅行 · 208

1.

이브여, 그대의 끝없는 잔소리가

지겨워,

나는 소리 없이 혓바닥만 날름댈

뿐이니,

"쉬이잇,

쉿!"

2.

한때는 이런 시절도 있었지

그래서 아내는 말을 다 버렸는가

아니 잊었는가

뱀띠인 나는 혓바닥만 날름댔던가

내가 독사나 살모사가 아니었던가.

3.

이제는 아내가 나를 보고,

"쉬잇,

쉿!"

서리 산길

– 치매행致梅行 · 209

버린다 버린다 하고
비운다 비운다 했는데

버리고 비운다는
말뿐이었는지

목숨 하나 업고 가는 것도
죄가 될까 몰라

젖은 마음 추스르며
서리 산길 홀로 가네.

그믐달

– 치매행致梅行 · 210

미안하다
아내여,

널
사랑해서.

난
죽고 싶다,

네가
차기 전에.

겨울바람
– 치매행致梅行 · 211

푸른 이내 피던 골짜기 지나서

물이랑 놀고 있는 바다 건너서

눈물 젖은 하늘길 가는 발자국

뒤돌아보지 않고 가는 발자국

이승이 어디고 저승이 어디런가

바람만 불어 쌓는 굽이굽이 길.

돌아가는 길

– 치매행致梅行 · 212

지상에 떨어져 나와
한평생 피다
돌아가는 길입니다.

백목련 꽃봉오리 위
푸른 나뭇그늘
가을 들녘의 논두렁 밭둑
눈 내리는 순백의 적막을 지나
이제 집으로 돌아갑니다.

아무도 없는 집으로
앞장선 여린 아내
뒤따르는 못난 사내.

집은 저 먼 곳에 있고
뚜벅뚜벅 나를 찾아가는

뭍인지 물인지도 모르고 가는,

우주 산책길!

소쩍새는 왜 우나

– 치매행致梅行 · 213

못난 사람 만나서 사랑 못 받고

숨막혀 죽는다고 속을 적시다

한평생 빈 몸으로 빌다 간다며

소쩍소쩍 한밤을 울어만 쌓네.

자연법自然法

– 치매행致梅行 · 214

파도는 회오리칠 만큼 치고 난 연후에야 제풀에 꺾이고 죽는다.

사랑은 깨꽃 같은 웃음을 피우고 나면 깨알처럼 흩어지고 만다.

돌탑
– 치매행致梅行 · 215

햇빛 쨍! 하다
금세 쏟아지는 빗줄기

마음은 햇살에 금빛으로 피는데
몸은 소낙비에 노박이로 젖고 있다

하루 또 하루
언제 몸에 해가 비칠까 기다려도
빗소리만 굵어지네

극락과 지옥이 따로인 줄 알았는데
늘 함께 있다니

오늘도 돌탑에 돌 하나 올린다
간댕간댕
흔들리는 돌멩이.

정월 대보름

– 치매행致梅行 · 216

이승에서 마지막 산책을 하신 날
정월 열엿새였습니다
그래서
해마다 대보름이면
우주 산책 중
아버지는 등불을 휘영청 밝혀
지상을 잔잔한 꽃밭으로 만들어 놓고
달빛 날개를 타고 지구로 오십니다
어쩌다 달이 뜨지 않을 때면
백매白梅 암향暗香처럼 세상이 더 은은합니다
보이지 않아도 환하고
들리지 않아도 아버지는 그곳에 계십니다
평생 잰걸음을 하지 않던 걸음걸이
그대로 지상에 내려오셔서
나이 든 자식을 위해 등불을 켜십니다
한 등 한 등 밝힐 때마다

매화꽃 한 송이씩 피어나는데
오곡밥 나물 반찬 귀밝이술 부럼깨기
더위팔기 쥐불놀이 달집태우기 연날리기
어느 것 한 가지도 준비 못하고
상원上元을 맞이합니다
아버지,
못난 자식을 용서하지 마십시오.

자작나무 숲에 가고 싶다

– 치매행致梅行 · 217

겨울이 오면 자작나무 숲에 가고 싶다
병사들처럼 기립하고 있는
수천수만 그루의 자작나무들
눈이 내려앉은 우듬지에
마음 한 자락 얹어 놓고
나도 자작나무 껍질 같은 백지가 되고 싶다
스스로 떨어져 내린 가지 주워다
옆에 있는 시린 네게 군불을 지펴 주고
가슴속 달의 집에 불을 지르면
자작자작 타오르는 불길에 마음이 녹아
하늘의 별처럼 반짝이는 너를 보고 싶다
추울수록 따뜻한 네 손을 잡고
자작나무 숲길의 나그네가 되어
봄이 오면 네 곁에 서서 손잡고 싶다
아내여, 아내여!

자식들에게

– 치매행致梅行 · 218

어느 날
둘이서 나란히 누워 있다고
놀라지 말 일이다

세상이 다 그렇고
세월이 그런 걸 어쩌겠느냐

말이 없다고
놀라지 마라
이미 말이 필요 없는 행성에서

할말 다 하고 살았으니
말이 없는 게 당연한 일

천지가 경련을 해도
그리워하지 마라

울지 말거라

유채꽃 산수유꽃 피면
봄은 이미 나와 함께 와 있느니.

홍주와 꽃게 - 치매행致梅行 · 219
- 관매도에서

지초 뿌리 넣어 달이고 달인
마지막 남은 순수의
진홍빛 눈물
한 잔.

바다를 깨물던 집게발
이제 빨갛게 익어
사기 쟁반 위에 누워
하늘을 묻다.

– 졸시 『홍주와 꽃게 – 관매도에서 』 전문.

홍 선생님,
이렇게 늙어서도, 누가
지초와 홍주의 붉은 색을 씹으며 시를 쓰라 했나
더욱이 아내의 기저귀를 갈아주며
그것을 시로 바꾸는 오기
그래도 좋습니다

누가 뭐래도 좋습니다
슬픈 추억과 뜨거운 오기가 남아 있어 좋습니다
그는 갔지만 몇 뿌리의 시를 남기고 가서
산삼뿌리를 씹듯 씹고 있습니다
고맙습니다

언제 관매도로 가서 홍주 마시는 코스를 다시 밟아야 하겠습니다
태풍을 만나더라도 시인은 태풍에 쓰러지지 않으니까
고맙습니다.

2016. 10. 17.
이생진 드림

* 이생진 시인과 둘이 1990년대 초 관매도를 여행한 적이 있다. 마을 이장 댁에 여장을 풀고 가게에 나와 됫병 홍주를 사서 꽃게를 안주로 하늘이 붉어지도록 마신 추억이 있다.
말만 듣던 홍주를 그곳에서 처음 만났던 것이다.
「홍주와 꽃게」는 그렇게 탄생한 글이다.
추석 전날 부인을 먼저 저세상으로 보내드린 이생진 시인께서 그때 생각이 나셨던가 보다.
태풍으로 배가 뜨지 못하는데 마침 마을에 혼사가 있어 신랑을 태운 5톤짜리 배를 얻어 타고 팽목까지 나왔던 아찔한 기억을 간직하고 있다.

– 隱山蘭丁

한겨울 밤

- 치매행致梅行 · 220

화로 속 고구마 호호 불어 입에 물면

갓김치에 갓 지은 이밥이 아니라도

동치미 생각에 군침이 돌곤 했지

술비 오는 겨울밤은 깊어만 갔지

아내여, 이런 호사 언제 또 있으랴

오늘 밤도 소쩍새는 울지도 않네.

소쩍새

– 치매행致梅行 · 221

초저녁에는 네 울음소리에 가슴 아파
뒷산도 잠 못 들다
조용히 흔들리고.

한밤중에도 네 울음소리에 헤매느라
별들도 잠 못 들다
그윽이 흔들리고.

새벽녘이면 네 울음소리에 눈이 젖어
봄밤도 잠 못 들다
환하게 흔들리고.

이제는 한낮에도 어두워 왔다 갔다
갈피를 잡지 못하고
흔들리고 또 흔들리고.

늦가을

– 치매행致梅行 · 222

길 가던 이들 가슴속까지 환히 밝혀주던 꽃등 다 지고
앙상한 꽃대만 지키고 있는
집.

흰구름장 가만히 내려와 혼자서 하릴없이 거닐고 있는
텅 비어 바람만 부는 휑한
뜰.

몸과 맘

-치매행致梅行 · 223

눈 위를 걸어간 새는 앞으로 가버렸지만,

발자국은 여전히 나를 향해 오고 있었다.

꽃불놀이 한때
– 치매행致梅行 · 224

봄이라고 엽서가 왔다
글씨 한 자 없다
모도 없고 각도 없다

산 나무가 향기롭게 타오르고
불자동차가 빨갛게 달려가고
하늘이 누렇게 콜록거리고
사람들이 실성해서 날아다니고
온 산하에 서늘한 불이 타오르고
여자들 웅덩이에 물이 넘치고

나들이하는 제비꽃 각시붓꽃 양지꽃 처녀치마
눈을 동그랗게 뜨고
사람들을 구경하고 있다

그런데도

우리 집엔 봄이 오지 않는다

꽃이 피지 않는다.

너랑 나랑

– 치매행致梅行 · 225

풍진 세상,

너 하나

나 하나

너랑 나랑,

달랑

달랑.

고희봉古稀峯을 바라보며

– 치매행致梅行 · 226

산길 오르다가 만난
비어 있는 새집

한때 새끼들 기르느라
따뜻했었지

이제 다 떠나고
빈집이 되었다

우주가 경영하고
하느님이 지휘하는

가죽집 한 채
고희를 맞아도 주인은

보이지 않고

나 홀로 바라보느니

아, 인생은 얼마나 큰 슬픔의 집인가!

사랑과 인생
– 치매행致梅行 · 227

“전국이 차차 흐려지겠고 동해안과 제주 남부는 비나 눈.

아침 최저 영하 7도~영상 8도, 낮 최고 0~11도.

‘사랑과 인생~’

겨울 해변 백사장에 누군가 써놓고 간 글자들이 가슴을 친다.

‘이별, 눈물, 젊음, 꿈……’ 같은 단어도 여기저기 어지러운 발자국과 함께 흩어져 있다.

모래밭에 넘실대는 파도에 '꿈'이 지워지고 이어 ‘젊음’이 사라진다.

‘사랑’마저 지워지고 나면 ‘인생’도 곧 끝이 나는가.

이름 모를 새들 하늘을 날고 파도만 무심하게 철썩거린다.”

–「오늘의 날씨, 2006. 01. 19.」

(동아일보 김화성 기자)

사랑이란 이런 것인가 하며
젊음의 눈물로
파도는 철썩이다 하늘로 오르고

인생이란 이런 것인가 하며
하루의 날씨처럼
새들은 날아가다 추락하고 마는가

우리의 인생도 이렇게 스러지는 것인가
우리의 사랑도 이렇게 지고 마는 것인가

아내여
묻고 또 물어도
대답 없는 사랑이여!

옥잠화

– 치매행致梅行 · 228

우이천 길가에 솟아오르는
옥잠화 새싹을 들여다보다가

옥으로 빚은 긴 비녀를
그려 보다가

옥잠을 예쁘게 꽂은 쪽 찐 머리의
소복 담장을 생각하다가

옥잠화와 혼동케 하는 비슷한
꽃을 떠올리다가

그 이름이 떠오르지 않아
머리를 쥐어짜다가

비비추, 네가 내 앞에 나타난 것은

족히, 10분이나 지나서였다

내가 완전히 방전된 것인지
아직은 쓸 만한 것인지
옥잠화, 네가 말해 다오

내가 아내를 따라가는 것인지
허공을 헤매고 있는 것인지
비비추, 네가 말해 보렴.

마지막 산책
– 치매행致梅行 · 229

산책은 산 책이다
돈을 주고 산 책이 아니라
살아 있는 책이다
발이 읽고
눈으로 듣고
귀로 봐도 책하지 않는 책
책이라면 학을 떼는 사람도
산책을 하며 산 책을 펼친다
느릿느릿,
사색으로 가는 깊은 길을 따라
자연경自然經을 읽는다
한 발 한 발.

– 졸시 「산책」 전문

꽃피 터져 천지간에 흥건한 날
아내 손을 잡고 꽃 속으로 걸어갑니다
한 발짝, 한 발짝, 몇 발짝 떼다 멈춰서고

몇 걸음 걷다 주저앉고 마는
눈부신 봄날이 늦늦가을입니다
느릿느릿 가다 서다 하며
자연경을 읽다 보니
어느새 마지막 산책길로 들어섰습니다
환하게 핀 꽃을 봐도 꽃인 줄 모르고
아니, 보려고 들지도 않으니
물오른 새소린들 귀에 와 닿겠습니까
인생 참 별것 아니라는데
그 별것 아닌 길이 어찌 이리 힘든 것인가
초승 상현 지나 보름달 환한 적도 있었지만
이제는 하현 지나 그믐치 퍼붓는 밤
우울한 꽃만 피어 앞이 보이지 않습니다
슬픈 새소리만 산천에 가득 흘러갑니다
절벽강산이 되어 버린 아내에게
봄날이 오다 말고 그냥 지나가고 있지만

오늘이 마지막 산책이 아니기를,
이 길이 뭍길이든 물길이든 하늘길이든
어딘가로 이어지는 시작이기를!

역설
– 치매행致梅行 · 230

"오늘 밤 잠이 들면
깨어나지 말기를,
내일 아침 해 떠도
눈을 뜨지 않기를!"

그러면서도
그러면서도,

밥 같이 먹을 사람
곁에 있으니,
한잔 술 나눌 사람
옆에 있으니,
내 몸 누일 한 평 방
내게 있으니,
천천히 산책할 길
앞에 있으니,

아낌없이 주는 자연 속
내가 있으니,
시를 낳고 안는 행복 또한
나의 것이니,

"오늘 밤에 잠들면 깊은 잠 자고
내일 아침 해 뜨면 깨어나기를!"

매화에 이르는 길

초판 1쇄 인쇄 | 2017년 6월 10일
초판 1쇄 발행 | 2017년 6월 15일

지은이 | 홍해리
발행인 | 홍해리
편집인 | 임 보
편 집 | 방수영
교 정 | 임채우 나병춘 장정순
펴낸곳 | 도서출판 움

등록번호 | 제2013-000006호(2008년 5월 2일)
01003 서울시 강북구 삼양로 159길 64-9
전화 | 02) 997-4293
전자우편 | urisi4u@hanmail.net
ISBN : ISBN 978-89-94645-32-2

* 이 도서의 국립중앙도서관 출판예정도서목록(CIP)은 서지정보유통지원시스템 홈페이지(http://seoji.nl.go.kr)와 국가자료공동목록시스템(http://www.nl.go.kr/kolisnet)에서 이용하실 수 있습니다. (CIP제어번호 : 2017012737)